설문
초등학교
수업일지

제주신화 속 신들이 사는 곳

설문 초등학교

수열일지

이현아 글 | **강일** 그림

한그루

등·장·인·물

문설하 _ 사립초등학교 계약직을 전전하는 선생님

덕분에 '정규직'에 목숨을 건다. 물론 정규직에 목숨을 거는 이유는 안정적으로 돈을 벌기 위해서다. "돈을 위해서는 무엇이든 하겠다!"라는 것이 신조지만 그렇다고 정말 모든 것을 하는 건 아니다. 자신이 가진 능력, 자신이 처한 상황 속에서 법에 저촉되지 않는 선에서 최고의 결과를 내고자 한다. 그런 덕에 동료 교사 해선이 추천해 준 정규직 교사 자리를 웬 떡이냐, 하고 들어가는데 믿을 수 없는 일들이 벌어진다. 현실주의자 문설하는 과연 현실에서 없을 법한 자신의 상황에 잘 적응할 수 있을까?

린 _ 산방산에 사는 도깨비

언제 태어났는지는 기억이 나지 않는다. 다만 눈을 떠보니 자신이 살아 움직이고 있었다. 린은 자신이 산방산 그 자체라고 믿는다. 산방산을 떠도는 바람, 나무, 풀, 동물 등등. 그래서 산방산에 대한 사랑이 남다르다. 어릴 적부터 자신을 어여삐 여겨준 산방덕의 덕이기도 하다. 그래서 인간들을 싫어한다. 그런 인간들 때문에 자신이 사랑하는 산방덕이 초등학교를 떠나 악신이 되려고 하니까.

명진 _ 육지말로는 삼신할미, 제주말로는 삼승할망

천지가 만들어지고 인간들이 존재할 때부터, 혹은 이전부터 인간들의 삶과 생명의 잉태를 주관해왔다. 인간의 아이들을 직접 가르치고, 하나하나 사랑으로 점지했다. 그래서 인간들만 보면 마음이 약해져 단호하게 대처하지 못한다. 알고 있다. 자신이 마음을 굳게 먹어야 한다는 것을. 그러나 그게 또 쉽지 않다.

해선 _ 붉은 머리의 구미호

둔갑술이 특기다. 그 덕에 설하를 찾으러 육지까지 가게 된다. 다른 구미호들과 달리 인간의 간이나 인간이 되는 것에 별 관심이 없다. 몇백 년 동안 살면서 봤는데, 인간들은 죄다 거지 같기 때문이다. 거지 같은 인간이 될 바엔 그냥 구미호로 사는 게 훨씬 낫다고, 해선은 생각한다.

이공 _ 서천꽃밭 주인이자 양호선생님

저승에 있는 꽃밭에서는 사람을 죽이는 꽃, 살리는 꽃, 고통을 주는 꽃 등 생사와 관련된 무서운 꽃들을 기르지만 설문초등학교에서는 잠이 잘 오는 꽃, 행복해지는 꽃과 같은 감정과 관련된 꽃을 기른다.

산방덕 _ 산방산의 여신

산방산에서 태어나 고승이라는 인간을 만나 사랑에 빠져 혼인을 하였다. 그러나 인간에 의해 삶이 산산조각이 나고, 산방산으로 들어가 버린다. 악신이 되면 소멸된다는 걸 알기에 인간에 대한 분노를 억지로 잠재우며 살아가지만, 몇백 년이 지나 인간이 자신의 소중한 것을 탐내고 산을 망가뜨리는 걸 보게 된다.

주관 _ 공사업체 시니건설의 사장

젊은 날 산방덕의 보물을 얻게 되고, 인생이 승승장구로 풀린다. 그래서 산방산을 헤집는다. 아름다운 보석을 얻어 더욱더 부자가 되기 위해. "가질 수 없는 것은 없다, 무슨 일이 있더라도 갖는다." 라는 신조를 가진 사람.

제주도 산방산

삐에에에에에

헉헉

헉헉

헉 헉

젠장, 멀리서 볼 땐
작아 보이더만
들어오니까
엄청 깊은 숲이잖아.

후우-

이럴 줄 알았음
등산복을 입고 왔지.

척

여기 어디쯤이
분명한데….

제길…. 도대체
어딨는 거야.

정말
이놈의 지도
믿어도 되나?
오백 년도
넘은 것
같은데.

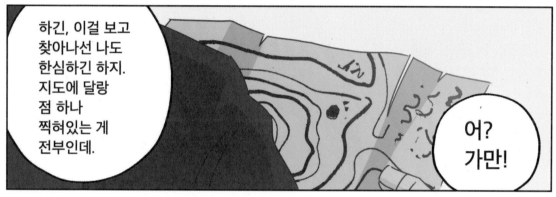

하긴, 이걸 보고
찾아나선 나도
한심하긴 하지.
지도에 달랑
점 하나
찍혀있는 게
전부인데.

어?
가만!

지기리면
혹시….

그래….
저곳이
틀림없어….

크크크

멀리서는
안 보이던
불빛이….

휘─이이이

오오오…!

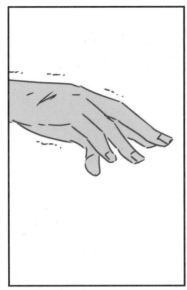

드디어
드디어….

찾.았.다-!

할아버지의
할아버지가
찾던 그 보물을
드디어 내가
찾은 거야!
하하하하하!

서울

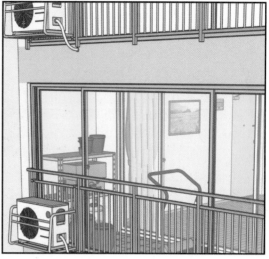

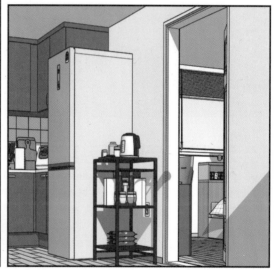

ㅇㅇㅇ….

무슨 꿈이….
기분이 더럽네.

요 며칠
매일 같은
꿈이야.

하아암

이건 분명 극도의
스트레스 땜이 분명해.
어제도 그 교무부장
땜에…. 아오~
생각만 해도 짜증나!

오늘도 지각하면
그 핑계로 나를
달달 볶겠지!
오늘은 반드시 일찍
가서….

좋아!
지금 시간이….

7시….
18분…?!

으아!
지각이다!
지각!

맞아.
학교는
그만뒀지.

그리고….

제주도
촌구석 초등학교로
출발하는 날!

무슨 학교더라….
아, 설문초등학교!
맞나?!

사립학교라던데 혹시….
TV에나 나오는
그런 불법학교 아닐까?

아냐, 해선쌤이
적극 추천한
곳이니까
믿어봐야지.

그래도, 그래도….
흑흑~
인생이 이렇게
꼬이는구나!

칫솔, 치약,
충전기, 잠옷이랑
그리고….

사탕까지….
전부 챙겼구나.

오케이!
됐고!

이제 출발!

하기만
하면 되는데….

정말 가는 게
맞는 걸까?

임명장

성녕 문설하

비행기표까지 끊어놓고 대체 무슨 생각을 하는 거야! 바보! 바보!

그래도, 그래도. 제주도라니! 조선시대라면 유배지 아냐?! 흑흑. 그놈의 정규직! 그놈의 돈!

가만! 혹시라도

저번 달 월급이….

남았으면…. 가지 말아야….

통장잔액 73,813원

그럼 그렇지.

월급은 스쳐 지나갈 뿐.

그래,
간다! 가!
눈 딱 감고
1년! 1년만!

디리리리······

처음 보는
번호인데···.

064?
지역 번호가
064라면···.
제주도?!

설마?

여보세요···?

문설하 선생님?
여기 설문
초등학교인데요-,

약속한 날에
오시면 되고요,
차는 가져오지 마세요,
어차피 못 들어와요-.
그럼, 끝.

헐···
뭐 이딴···

뚝!

좋아, 이 전화가 확실히 결정에 도움을 주는구먼.

내 직접 설문초등학교로 가서 방금 나한테 전화한 인간이 누군지 찾아내서… 콱 그냥…!

가만있자…. 목걸이하고 사탕이 어디….

옳지, 저기 있네.

오케이! 렛츠고!

가보자고! 설문초등학교 인지 뭔지!

춥♥

도대체 왜?!!

쾅!

도대체 왜 그래?
내가 월급 안 줬어?
굶기든?

아, 아닙니다.

그러데 왜 아직도
공사가 이 정도야?!!

내가 이 공사
딸려고 얼마나
돈을 뿌렸….

자네도 이곳에
다른 곳보다
곱절로 많은 인력이
투입된 거
알아 몰라?

돈을…?

어찌 됐건
간에 좀
서두르란 말야!

헙
헙

저희도 그러고 싶은데
그게 좀 이상해요.

일 좀 하려고 하면
갑자기 위에서 돌들이
떨어지고,

우왓! 돌이다!
모두 피해!

으아~!

안 돼! 돌풍 땜에
눈을 못 뜨겠어!!

그걸 간신히 피하면 이번엔
돌연 강풍이 불어서 현장을
아주 그냥 싹- 쓸어버린다고요.

헐….

나보고 그걸
지금 믿으라고?

그런 핑곗거리
궁리할 시간이
있으면 얼른 가서
일하라고!!

핑계가
아닌데요.

콱! 그냥!

네, 네.
지금 갑니다.
가요.

으음….

역시, 이곳엔
뭔가가 있는 건가?

분명, '산방덕'이겠지.
우리 집안과 오래도록
악연이 있는.

ㅋㅋㅋㅋ….

하지만, 질긴 인연도
여기서 끝이다, 산방덕.
내가 보석을 모두
차지하고….

이곳 산방산을
없애버릴 테니까 말야.
ㅋㅎㅎㅎㅎ…

제주도 산방산

이쯤이면
나올 때가
지났는데…

투덜
투덜

아니, 차가
안 다니는 건
좋은데

그럼 길이라도
좀 좋던가. 차라리
배낭을 갖고
올 걸 그랬어.

지금이라도
돌아가고 싶은데

여기까지 와서
돌아가기도
그렇고, 시간도
너무 늦었어.

여기가….
맞는 거야?

에효! 정말!
이런 곳에 왜
학교가 있는
거냐고? 으~!

그래!
사탕 먹고
기운
차리자!

아….
달다~

역시 사탕이
최고야!
크크크.

오물

오물

웃차!
그럼 다시
가볼까?

그 여우 같은….
아니, 아니, 꼼꼼한
해선쌤이 잘못
알려줬을 리는 없고,

나도 홈페이지에서
확인해 봤으니
이곳이 분명하긴 한데….

27

어머, 저런 곳에 이정표가 있었네? 역시, 틀리지 않았어!

흐음~ 어디 볼까?

엥? 이게 무슨 말이야?

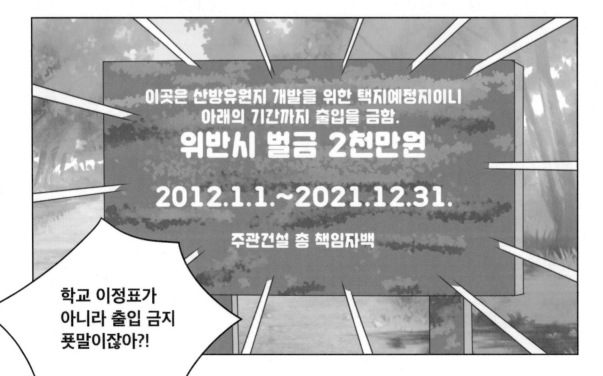

이곳은 산방유원지 개발을 위한 택지예정지이니 아래의 기간까지 출입을 금함.

위반시 벌금 2천만원

2012.1.1.~2021.12.31.

주관건설 총 책임자백

학교 이정표가 아니라 출입 금지 푯말이잖아?!

학교는
정말 있기나
한 거야?

와그작!

와그작!

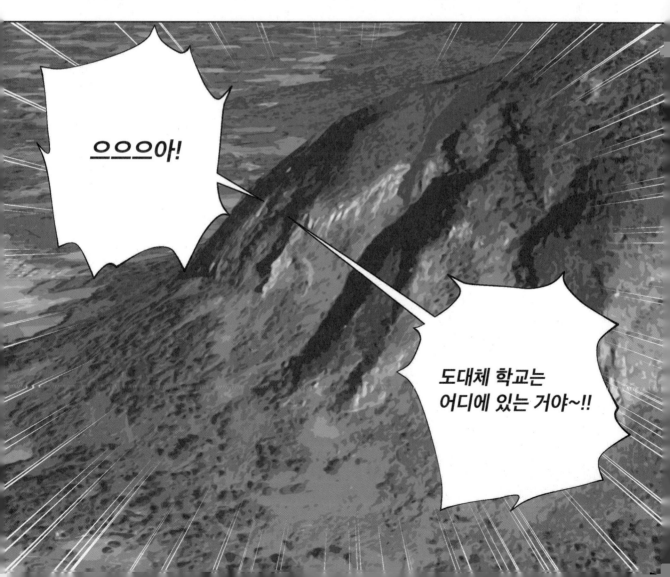

으으으아!

도대체 학교는
어디에 있는 거야~!!

휙!

휙!

하아!

요즘에도
핸드폰 안 터지는
곳이 다 있네.

좀 있음
캄캄해질 텐데
어쩔 거야.
으앙~

부스럭

부스럭

까아~!

뭐, 뭔가
움직였어?!

분명히
뭔가 움직였는데.

혹시, 멧돼지?

호랑이? 곰?
여기서 죽는 건가?
남친도…. 키스도
못 해봤는데?

아니야. 억울해서 못 죽어….
분명 제주도에는 맹수가
없다고 들었어. 그렇다면….

저기요….

깜짝이야!

문설하
선생님?

누구세요….

…가 아니라,

누구야 너?

저희 학교에
새로 오신
문설하 선생님
맞으시죠?

전 '주아'라고 해요.
린쌤이 가보라고
해서 모시러 왔어요.

주아?
린쌤?

….

그, 그래?
주아라고?

네.

고, 고마워 실은 길을 잃어버렸거든.

길 잃는 게 당연해요.

길 잃는 게 당연해?

하지만 저만 따라 오시면 안전 해요.

아무래도 수상해. 이런 산속에서 웬 아이가 갑자기 튀어나와? 그것도 풀 속에서? 자기가 무슨 짐승이야?

게다가 어떻게 생겨먹은 학교가 선생이 안 오고 새까만 어린애를 보내? 혹시 여우 같은 게 변신해서 나를….

안 갈 거예요? 좀 있음 어두워 질 텐데.

아, 아냐 가야지. 간다고!

뭘 좀 생각하느라고.

뭘요?

아! 그…. 있어, 그런 거.

알 것 같아요.
무슨 생각
했는지.

걱정
말아요.
안 잡아
먹으니까.

뜨끔

아!
잠깐만
꼬마야.

이름이 주아라고
했지? 혹시,
사탕 좋아하면

이거 먹을래?
내가 좋아하는 건데.

린쌤이랑
같은 거네….

린쌤?

어머!

얘, 여기는
넘어가면 안 돼!
여기 적혀 있잖아.
넘어가면
벌금이라고!

….

출입금지

출입금지

어머,애!

어느새
철조망 너머로….

쪼끄만 게
동작이 다람쥐
마냥 날렵하네.

그리고, 내가
넘어가지 말랬는데
그걸 휙 하고
넘어가? 어린 것이….

얼른
안 가면
늦어요!

얘! 그래도
그렇지. 하지
말라는 걸 굳이….
게다가 벌금….

어머,
어디 갔어?

주아야~

주아야~

결국 넘어올 거면서.

이런 산중에 어린애 혼자 있음 안 되니까 내가 따라 온 거잖아!

눼,눼.

거의 다 왔어요 이제.

이렇게
큰 나무가
실제로
있구나….

크죠?
여기가
학교
입구예요.

여기가
입구라고?
설마….

이거슨
판타지~
역시,
제주도!

해리포터에 나오는
2분의1인가 하는 역처럼
막 뚫고 들어가는 건가?

요렇게
나무를 돌아
나오면 돼요.

!

뭐
하세요?

뭐야?
그냥 돌아가면
되는 거였어?

얼른
오세요!

가! 간다고!

도대체
나는 무슨
생각인 건지.

선생님!

나무가
정말
크긴 크다.

여기 좀
보세요.

보이죠? 저 너머가
설문초등학교예요.

우와~ 나무 앞에선
그냥 숲이었는데
돌아 나오니
전혀 다른 세상이
있었네?

어머~
세상에….

조조조조

설문초등학교

설문초 교무실

드셔보세요.

먼 길 오시느라 힘드셨죠? 원래는 제가 갔어야 했는데 갑자기 일이 생겨서 주아를 보냈어요.

죄송합니다. 호호.

아, 아니에요.

마음씨도 고우셔라. 호호.

어머! 제 소개부터 해야 하는데…. 호호.

저는 '이공' 입니다. 양호선생님 이에요. 호호.

이곳 애들이 워낙 심하게 놀아서 제가 편할 날이 없지요. 호호. 잘 부탁드려요. 호호.

그리고 저는 이곳의 교장인 '명진' 이라고 합니다. 저도 잘 부탁드릴게요.

부탁은 제가 드려야죠.

...

아, 그리고 그 메밀차는 저기 계신 '리' 선생님이 직접 기른 차예요.

문설하라고
합니다.
앞으로 잘
부탁드립니다.

....

흥!

흥?

린 선생님?

쳇...!

잘 부탁….

….

'린' 선생?
딱 보니
나이도 나랑
비슷하게
보이는데

뭘 봐?

그래! 저 쌤이다.
나한테 전화 걸어서
지 할 말만 하고
끊어버린!
그래~ 그렇게
나온다 이거지!

너, 딱 걸렸어!

탁

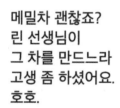

메밀차 괜찮죠?
린 선생님이
그 차를 만드느라
고생 좀 하셨어요.
호호.

흥!

아니! 전 별로.
메밀 알레르기가
있어서요.

찌릿!

찌릿!

호호호.
설하 선생님
피곤하시겠다.
그렇죠 교장쌤?

그렇죠
그렇죠.
그렇겠네요.

린 선생님이
숙소까지
안내 좀 해드려요.

네에?!!!

흥!

분명 하나가
더 있는데….

도무지 어디 있는지
모르겠단 말야….

도대체
어디에
숨겨
뒀을까.

멀었어요?

다 왔어요.
저기.

오, 이런
산속에
꽤 좋은
집이네요?

도대체 이런 집을
왜 빌려주는지
모르겠다니까요.

이런 외진 곳에
집도 없으면
누가 오겠어요?

...

응?

까악~!

!

왜 그래요?

별….

별이
보여요.

별을 볼 수 있는
집에 살아보는 게
나의 로망이었는데….

이 아가씨 진짜!
깜짝 놀랐네!!
별 보이는 게
뭐가 대수라고!!

…

훗.

와~
별똥별이다!

오옷,
소원을!
소원을!

로또당첨
남자친구!

설하쌤, 그 목걸이,
언제부터 했는지
기억나요?

이거요?

글쎄요. 그냥 어릴 때부터 했다는 것 정도.

그럼 그렇지.

엥…?

여행 가방은 숲에서 애들이 주워서 숙소 안에 넣어 놨을 거예요.

아! 여행 가방을 까맣게 잊고 있었네!!

이럴 줄 알았지!
이럴 줄 알았어!

이래서 인간이란
종족은 믿을
수가 없다고!
저 봐, 저!
다 까먹은 거!

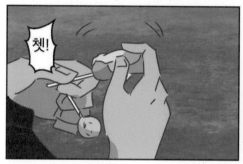

쳇!

흥이다. 주나 봐라.
내가 다 먹을 거야.

어떻게 그 일을
기억 못 해….

…

꺄악~
내 휴대폰!

드셔보세요.

맞아, 선생님들과 차를
마시다가 그 재수없는
린쌤 때문에
후다닥 나왔었지….

으으. 바보같이.

꽁!

엄마한테 잘
도착했다고
전화는 해야 하고
전화는 없고. 이것 참.

엄마 성격에
전화 안 하면
난리가 날 텐데….

그래, 가보자.
별로 먼 것
같지도 않던데.

아고, 힘들어.
생각보다
멀었지만
일단 도착!

아직도 불이
켜져 있네?
응? 저 아이는
누구지?

명진쌤!!

도운이
왜 이래?
또 장비에
치인 거지?

이 인간들이
진짜!!

일 키우지
말거라, 린.

할망!

아니, 대체
왜 그래!
그깟 인간들이
뭐가 좋다고
자꾸 감싸!

자연의 질서를
깨지 말거라.
인간이 아닌
존재가 인간에게
해를 가할 수는
없는 법이야.

자연의 질서를
먼저 깬 게
누군데!
이러다가
우리까지
벌 받는다고!

인간이 아닌 존재가
인간에게 해를 가하면
안 된다고?

인간이 아닌
존재?

무슨 말이야?

게다가
산방덕 할망은
이제 우리랑
얘기도
안 하는데
어쩌려고!

산방덕?!!

산방덕!
산방덕!

누구더라!
누구더라!
익숙한
이름인데!

내가 당장 가서
아래에 있는
인간 놈들을 그냥!

린!

제발 좀
진정해!

?

이거 누구
전화예요?

우린 휴대폰
안 쓰잖아요.

저….

제 건데요….

설하
선생님?

여기
어떻게…?

혹시 저희들의
대화….
들었나요?

….

듣고 싶어서
들은 건
아니고요….

그런데 들어도
무슨 말씀이신지….

아, 내 휴대폰!

가, 얼른! 나 지금 엄청 열받아 있으니까!

인간들 꼴도 보기 싫어!

···!

참 나! 왜 갑자기 나한테 화를 내? 그리고, 저분들은 도대체 무슨 말을 하는 거야?

헉 헉 헉

저분들 혹시 마법사? 여기 막 마법학교? 아브라카다브라 이런 거? 이런 곳에 있다가는 나도….

악!!

어딜 그렇게 뛰어가? 여기서 도망가게?

어느새 나보다 앞에?!!

분명히 내가 먼저 나왔는데.

뭐…?

어라….
내 몸이….

여긴 어디지?

이건 꿈?

뭐야? 저 복장은
조선시대 같은데,

역시 이건 꿈이구나.

이 사람들은
누굴까? 무척 다정해
보이는데.
아~ 부럽다~!

설하쌤!

설하쌤!

설하쌤.
괜찮으세요?

휴~.

해선쌤?
해선쌤 맞죠?

네. 설하쌤.
저예요. 해선.
좀 어때요?

이상한 꿈을
꿨어요. 글쎄,
꿈에서….

쌤이 말한 설문초에 갔는데….

그곳 사람들이 좀 이상한 거예요. 인간이 아니라는 둥. 인간을 벌해야 한다는 둥. 우습죠?

그래요? 저기…. 실은….

훗, 웃기죠? 별난 꿈도 다 있어요….

저기, 설하쌤….

?

?!!!

괜찮아요? 설하쌤? 호호호호.

칫!

나···. 아직도 꿈꾸는 건가?!

설마···. 꿈이 아닌 거야? 여기는 정말 설문초등학교?

꿈이 아니라면 해선쌤이 어떻게 여기에? 여긴 제주도 라구요!

하-. 제가 모두 설명해 드릴게요.

먼저, 저 때문에 이곳에 오게 된 것 사과 드릴게요.

그리고, 지금까지의 일을 전부 말씀 드릴게요.

잠시 후

그렇군요.

다시 한번…. 죄송해요. 설하쌤을 여기로 오게 해서….

저도 실은….

어쩐지 여기 올 때부터 수상했어요.

그렇게 좋은 조건으로 돈도 많이 주고….

정규직까지 보장해 줬으니….

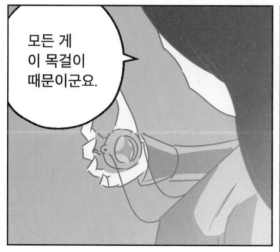

모든 게 이 목걸이 때문이군요.

자요. 이거 돌려주면 다 되는 거죠?

그 일로 인해 분노한 산방덕님은 자신의 정인을 죽인 사람들에게 분노하기 시작했어요.

아…!

분노의 대상은 지금 이곳을 개발 중인 업자에게로 돌아갔죠.

운명이 참 신기한 건.

이곳의 개발을 맡고 있는 이가 과거 자신의 사랑하는 사람을 죽였던 관리의 후손이란 거지요.

그 사실에 산방덕님은 더욱 분노했고, 이젠 이성은 없고 분노만 가득한 저주의 신이 되었어요.

우리는 그런 산방덕님을 그대로 놔둘 수 없어요. 그대로 두면 영영 되돌릴 수 없는 상태로….

만나보고 잘 설득하면 되잖아요.

분노에 찬 산방덕님은 아무도 만나려 하지 않아요. 물론 듣지도 않죠.

하지만, 유일하게 마음의 문을 연 사람이 있었죠.

그게 바로 당신이에요.

사랑하는 사람의 목걸이를 받은.

무슨 이유에서인지 산방덕님은 자신이 가지고 있던 보석을 당신에게 주었어요.

이 목걸이를 네게 주마. 잘 간직하거라.

와! 너무 예뻐요. 고맙습니다!

산방덕님! 그걸 주면 어떡해요?!

쟤는 금방 잊어버릴 걸요? 그러니까 주지 마요.

인간은 원래 잘 잊어버려. 그게 장점이기도 하단다.

그리고 린! 너도 설하에게서 막대사탕 받았잖니.

흥! 이까짓 막대사탕!

그동안
왜 기억이
안 났는지
모르겠지만
이제 기억나요.
모두….

정말 까맣게
잊고 있었어요.

왜 지금에서야
갑자기 기억이….

아마도 린이
뭔가 했을 거예요.

린이?
아, 그때….

설하쌤. 이제 우리가
할 수 있는 건 없어요.

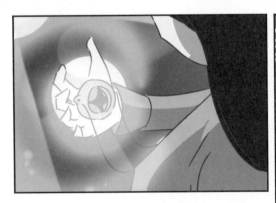

제가
산방덕님을
만나볼게요.

제가….

좋은 아침~

안녕하세요~

어머, 설하 선생님! 몸은 좀 괜찮아졌어요?

네네. 덕분에요~ 좋은 아침 입니다!

이공쌤 안녕하세요? 서천꽃밭을 관리 하신다구요?

네…? 무슨 말씀을? 저는 양호쌤….

명진 교장선생님은 삼승할망이라면서요? 우와~

네…. 어, 그걸….

제가 다 얘기해 줬어요.

어렸을 적 이곳 산방산에서 있었던 일들이 기억났대요. 그래서….

어머, 너희들!

안녕~!
너희들은
다람쥐라면서?

그래서 처음
만났을 때
풀 속에서
나왔구나.

넌 다친 곳은
괜찮아? 건설
장비에
치였다면서?

쿵!

까야!!

쿵!

공사를 다시
시작했네!
오늘은 절대
그냥 안 둔다!

....

오늘 그냥
아주 작살을
내고 온다!!

잠깐만!

콱!

또 싸우려구요?

그래봐야
우리가 공사를
멈출 수는 없으니
저와 함께 책임자를
만나봐요.

자! 오늘은
저쪽 언덕까지
마무리하자!!

네!

알겠습니다!

316

쿠쿠쿠…

끼익…

게익…

거기 앞쪽!
그대로
밀어버려!

콰 콰콰콰…

좋아
거기!

그 방향으로
곧장 밀어붙여!

네!

네!

저기,
저쪽도!

네!

여기가
어디라고…．

감히
이곳에…．

발을 딛어?

네 이놈들!

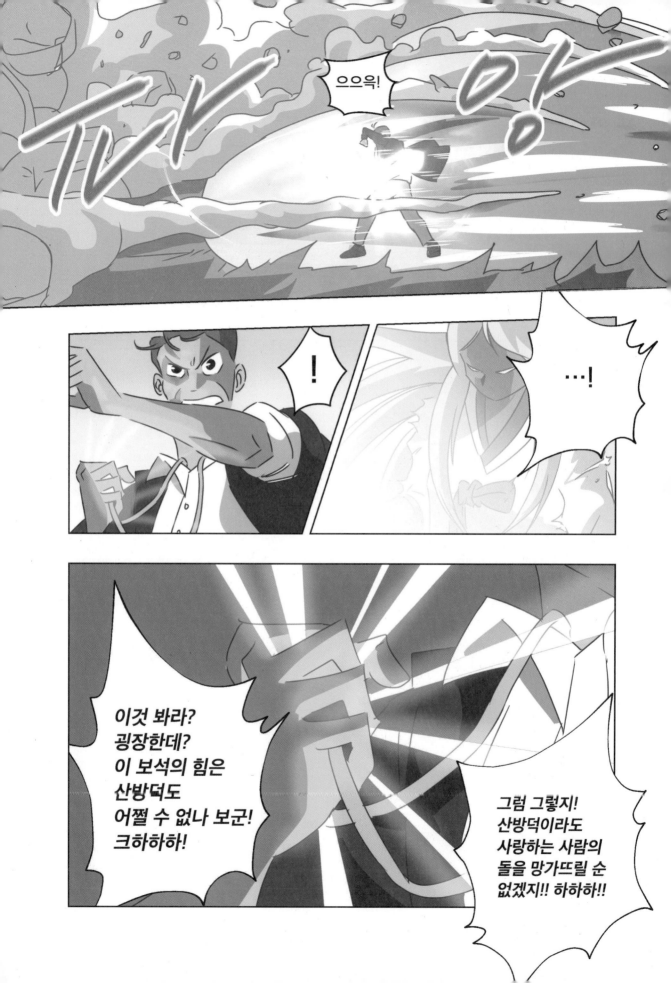

저기….

자!
다시 공사를
시작한다!

내가 선두에
있는 한
그런 돌풍과
산사태는 더 이상
없을 거다!

뭐야?
얼른 일 재개
하라니까!

그것이
문제가 좀
생겼습니다.

공사 장비들이 전혀
움직이질 않아요.

고장난 게
아니라 아예
시동이 걸리지
않는다니까요.

이건 뭐
도깨비에게
홀린 것도
아니고….

그런 말도
안 되는 소리가
어딨어!
다시 해봐!

이미
여러 번….

왜요? 살다 보면
그런 경우도 있죠.

뭐야?

저벅

저희랑
얘기 좀
하실래요?

안 그러면
저 비싼 장비들이
영영 안 움직일지
몰라요.

그동안 제가 인간에게 저질렀던 많은 일들은….

당연히 벌을 받아야겠죠.

지금, 천지왕께 가는 건가요?

가엾은 것!

아니, 그전에 우리의 보금자리인

설문초등학교로 가자꾸나.

여기가
내 집무실인데
어때요?

보시는 것처럼
꽤 소박하지요?

산방산 뉴시티앤리조트
개발계획 2020

그러면 잠깐 설명을…. 어?

한 분이 더 늘었네요? 제가 초대한 기억은 없는데.

어떻게 들어왔지? 분명히 처음엔 없었어…. 밖엔 비서들이 있었을 텐데….

해선쌤?!!

호호호! 들켜버렸네.

하이!

머리에 그건 또 뭐예요?

여우 귀가 보이잖아요!!

후후. 뭐, 좋습니다. 어차피 몇 분이 더 오신다 한들 이 공사를 막을 수는 없을 거예요.

산방산 뉴시티앤리조트 개발계획 2020

이 일은 저의 계획이기도 하지만, 저희 조상님 대대로 준비하신 일이라서요.

휴양지역

대형카지노

쇼핑센터

그냥 단도직입적으로 말할게요. 피차 시간이 없는 것 같아서요.

…?

거기 여자분이 갖고 있는 그 목걸이….

저에게 넘기시지요?

당연히 값은 원하는 대로.

지금 무슨
소릴 하는 거야?
당장 공사나
멈추라고!

미쳤어요?
제가 공사를
멈추게?

시간을 조금
줄 테니 잘 좀
생각해 봐요.

웃기고
있네!

ㅋㅋㅋ

아! 그리고
그 목걸이는
제가 마음만
먹으면

언제든
손에 넣을 수
있다는 사실도
염두해 두셨으면
좋겠어요.

이런 건방진!

린쌤!! 폭력은 안 돼요!

만약,

이 목걸이를 건네주면

산방산 개발 공사를 멈출 수 있나요?

산방산 뉴시티앤리조트 개발계획 2020

휴양지역

대형카지노

이 목걸이의 보석이 그만한 가치는 있는 것 같은데요.

아하하하! 그래요. 그래!

어리지만…. 제법 말이 통하는 아가씨네요.

긍정적으로 생각해 보지요.

…

그럼, 조만간 다시 오겠습니다.

네, 네. 그러셔야지요. 하지만 제가 성미가 급하니 되도록 빨리 와주셨으면 합니다만.

김실장 배웅 잘 해 드리게. 무슨 말인지는 알지?

네!

미쳤어?! 그 목걸이가 어떤 목걸이인데! 넘긴다는 거야?

안 미쳤으니까 이러는 거야.

목걸이 줄 생각은 꿈에도 하지 마!

이참에 인간을 아주 쓸어 버리자구!

설문초 교무실

후우….

그게 그렇게 해서 해결될 일이 아니잖아.

막말로 무슨 수로 인간을 다 쓸어 버린다는 거야.

어서 와~

설하쌤!

산방덕님이 오셨다고 들었어요.

지금은 양호실에서 안정을 취하고 있으니 좀 있다 뵈러 가요.

네…. 얼른 뵙고 싶어요.

짝짝짝

와우~ 이렇게
좋은 곳이
있었네요?

거기 누구
계신가요?

밖에 누가
왔나 봐요.

이상하다….
이곳을
찾을 수는
없을 텐데….

설마…!!

………!!

이런 곳은 없었는데 정말 신기하군.

GPS로도 찾아보고 위성으로도 봤지만

뭐야 니들?

오~ 드디어 나오셨나요?

말씀드렸듯이 제가 성격이 급해서 견딜 수가 있어야지요. 크크크.

거기 계신 분들이 전부인가요?

여긴 어떻게 알았죠?

미행하는 일이 나쁘다는 건 알고 있습니다만.

그 목걸이가 너무너무 갖고 싶거든요!

그럼 이만 실례를….

가져와!

번뜩!

퍼억

커헉!

보석의
힘이 확실히
좋네요.

이게 뭐야…?
도깨비인가?
보석의 힘으로
보니 다 알겠군
그래. ㅋㅋㅋ

털썩!

으…으…으…

린쌤!!

쿠쿠쿠. 뭘 그리 놀라고 그래?

저 녀석 보아하니 사람도 아니던데. 죽으면 어때?

뭐야?

흐흐, 제발로 오는구나!

!!

설하쌤! 얼른 도망가요!

여기 일은 상관 말고, 그 목걸이는 꼭! 지켜야 해요!

뭐야? 이번엔 구미호 인가?

인간?
죽음꽃?
니들도 뭐,
신 같은
그런 거야?

그런 게 정말
있었다니.
크크크.

이곳은
볼수록 신기한
곳이군.

저벽

저벽

그럼. 내가
목걸이를
가져가는 데에
불만은 없는 걸로
알겠네.

뭐, 뭐야!
가까이
오지 마!!!

악!
안 돼!

그, 그건 내,
내가 한 게
아니잖아!
내 조상이
한 짓….

닥쳐라!
이놈!

큭!

당신의 아픔의
깊이는 제가
상상하기 힘들겠죠.
하지만 당신이
소멸되는 건
볼 수 없어요.

저 사람은
인간의 법으로
벌 받게 할게요.

이거….
기억나죠?

저에게
줬잖아요….
잘 간직하라고.

그러니 제발
여기서
멈춰주세요.

너로구나….
그때 그
소녀가…!!

으어…

내가 왜
여기에….
나는….
분노에만
싸여서….

정작, 중요한 건
지키지 못했구나….

어쩌면…. 너무
늦었을지도….

이쁘게 잘
자랐구나.

헤~.
정말요?

제가 너무
늦게 와서….

죄송해요.

죄송하긴.
나보다 린이
많이 섭섭했을걸.
매일 너를
기다렸어.

제가
언제요!

풉!

니희들!
두고 봐라!
경찰을
끌고 와서
이곳을 싹 쓸어
버릴 테니!

린!
다친 곳은
괜찮아?

다치기는….
내가 맘만
먹으면 그깟
녀석쯤은….

그런데….
산방덕님은
천지왕에게
간 거야?

어쩔 수 없지.
인간에게 해를
가했으니….

하지만, 천지왕님도
사정을 알고 계시니
엄하겐 안 하시겠지.

으응~

저기….
린!

이거,
먹을래?

그래? 주머니 가득 있는 건 뭔데?

첫!

내가 어린애냐? 그런 거 먹게?

이, 이건 애들 주려고 갖고 있는 거지!

네에~ 알겠습니다?

아, 참! 공사는 어떻게 된 거야? 잠잠 하던데?

저번에 그쪽 집에 갔었잖아. 그때 해선쌤이 USB를 몰래 쓱~ 했대.

거기에 공사에 관련된 엄청난 비리가 있었는데, 그걸 경찰에 넘겼대.

그런데 원래 신들은 안 늙어?

왜? 비결이 궁금해?

아니, 혹시나 ^^

끝~ 다음에 만나요~!

설문초등학교 수업일지

2020년 1월 20일 초판 1쇄 발행

글　　　이현아
그림　　강일
편집　　김지희
디자인　부건영, 나무늘보

기획　　(재)제주영상·문화산업진흥원
　　　　www.ofjeju.kr
　　　　제주특별자치도 제주시 첨단로 213-65 1층
　　　　T. 064-727-7800　F. 064-727-7900

펴낸곳　한그루
　　　　출판등록 제6510000251002008000003호
　　　　제주특별자치도 제주시 복지로1길 21
　　　　T. 064-723-7580　F. 064-753-7580
　　　　전자우편 onetreebook@daum.net　누리방 onetreebook.com

ISBN 979-11-90482-09-7 (07380)

ⓒ (재)제주영상·문화산업진흥원

이 도서의 국립중앙도서관 출판예정도서목록(CIP)은 서지정보유통지원시스템 홈페이지(http://seoji.nl.go.kr)와
국가자료공동목록시스템(http://www.nl.go.kr/kolisnet)에서 이용하실 수 있습니다. (CIP제어번호: CIP2020001532)

값 15,000원